Matthias Weber

Entwicklungskonzept für ein BCI-Computerspiel unter Verwendung von Unity, Neurosky Mindwave und Oculus Rift

GRIN Verlag

Bibliografische Information der Deutschen Nationalbibliothek:

Die Deutsche Bibliothek verzeichnet diese Publikation in der Deutschen National-
bibliografie; detaillierte bibliografische Daten sind im Internet über http://dnb.d-
nb.de/ abrufbar.

Impressum:

Copyright © 2015 GRIN Verlag GmbH
Druck und Bindung: Books on Demand GmbH, Norderstedt Germany
ISBN: 978-3-656-96201-4

Dieses Buch bei GRIN:

http://www.grin.com/de/e-book/299486/entwicklungskonzept-fuer-ein-bci-compu-
terspiel-unter-verwendung-von-unity

GRIN - Your knowledge has value

Der GRIN Verlag publiziert seit 1998 wissenschaftliche Arbeiten von Studenten, Hochschullehrern und anderen Akademikern als eBook und gedrucktes Buch. Die Verlagswebsite www.grin.com ist die ideale Plattform zur Veröffentlichung von Hausarbeiten, Abschlussarbeiten, wissenschaftlichen Aufsätzen, Dissertationen und Fachbüchern.

Besuchen Sie uns im Internet:

http://www.grin.com/

http://www.facebook.com/grincom

http://www.twitter.com/grin_com

Forschungspraktikumsbericht

Entwicklungskonzept für ein BCI-Computerspiel unter Verwendung von *Unity*, *Neurosky Mindwave* und *Oculus Rift*

Weber, Matthias

Chemnitz, 8. Mai 2015

Inhaltsverzeichnis

Einleitung

In den letzten Jahren haben sich neue Interaktionsmöglichkeiten im Bereich der Computerspiele etabliert wie bspw. die Bewegungs-Steuerung mittels *Microsofts Kinect*. Weniger populär ist bislang die Steuerung via sog. Biofeedback, also durch von Sensoren erfassten physiologischen Daten. Beispiel hierfür ist das sog. Neurofeedback mittels sog. Brain-Computer-Interfaces (kurz: BCIs), also per Hirnstromwellen-Messung (Elektroenzephalografie: EEG).

Mit dieser Arbeit soll sich vorbereitend für eine Abschlussarbeit mit der Entwicklung eines Konzepts für die Erstellung eines Computerspiels beschäftigt werden, bei welchem *Neuroskys Mindwave* und das *Oculus Rift* zum Einsatz kommen sollen. Das *Mindwave* ist ein EEG-Messgerät der Firma *Neurosky*, welches optisch an ein Headset erinnert. Das *Oculus Rift* ist ein Head-Mounted Display der Firma *Oculus VR*, welches in der Version Development Kit 2 verfügbar ist. Als Entwicklungsumgebung soll dienen die Spiel-Engine *Unity* der Firma *Unity Technologies*, da diese die Integration von *Neurosky Mindwave* und *Oculus Rift* gemäß Recherche-Ergebnissen im Vorfeld relativ komfortabel zu ermöglichen schien. *Unity* stand in der Version 4.6.0b17 (Pro-Lizenz/Vollversion) zur Verfügung.

Im Folgenden soll die Arbeit mit der Software im Rahmen des Projekts zur vorliegenden Arbeit näher beleuchtet werden. Zunächst sollen gestalterische Aspekte betrachtet werden, danach auf Quelltext-Programmierung eingegangen werden.

Gestaltung

In diesem Kapitel ist das gesteckte Ziel hinsichtlich gestalterischer Aspekte die Möglichkeiten der relativ einfachen und effizienten Erstellung einer virtuellen 3D-Umgebung mittels *Unity* zu thematisieren. Möglichst realitätsnahe, effektvolle, elaborierte und grafisch optimale bzw. optimierte Lösungen zu finden kann und soll an dieser Stelle nicht geleistet werden.

Zunächst wurde ein virtuelles Licht in die Szenerie eingefügt, in diesem Fall ein sog. „Directional Light". Diese Licht-Art in *Unity* ‚scheint' gleichmäßig in eine Richtung auf alle Objekte in der virtuellen Welt, hat keine lokalisierbare Quelle, eine praktisch unendliche Ausdehnung und ist somit geeignet eine große, quasi endlos weit entfernte Lichtquelle wie die realweltliche Sonne zu simulieren (siehe Abbildung 1; Unity Documentation Webseite: Lighting Overview, 2015, online).

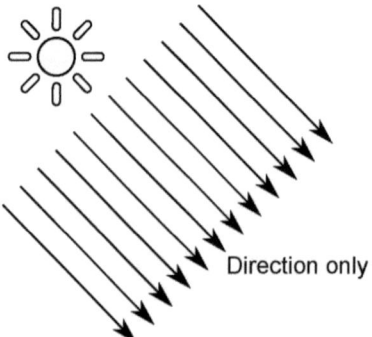

Direction only

Abbildung 1: Directional Light
(Unity Documentation Webseite, Lighting Overview, 2015, online)

Außerdem wurde ein Landschaft erstellt, ein sog. Terrain. Hierbei gibt es diverse Möglichkeiten. Der Standard-Weg ist die Nutzung des von Unity bereitgestellten Skripts „Terrain". Da die ersten Ergebnisse im Umgang mit dem Script nicht den gewünschten Erfolg hinsichtlich der Erstellung einer in gewissem Maße realistisch anmutenden Landschaft brachte wurde nach Alternativen gesucht. Ein Hilfs-Werkzeug namens „World Builder" (Unity Asset Store Webseite: World Builder, 2015, online) wurde angedacht, u.a. für die automatisierte, ‚zufälligere' Verteilung von virtuellen Bäumen auf dem Terrain. Letztendlich wurde aber auch „World Builder" nicht eingesetzt aus den gleichen Gründen wie das „Terrain"-Skript. Geeigneter erschien die Software *World Machine 2 (Basic Edition)*, welche eingesetzt wurde zur Erzeugung eines Landschaft-Höhenprofils (Heightmap als 512x512-Pixel .r16-Datei; vgl. World Machine Webseite, 2015, online).

Der Transfer von Texturen (‚Überzüge' von 3D-Objekten) aus *World Machine* hinein in *Unity* stellte sich problematisch dar, weshalb die Texturen für die Landschaft mittels des Skripts „Terrain Toolkit" von Sándor Moldán realisiert wurden (siehe Abbildung 2; vgl. Moldán, 2009).

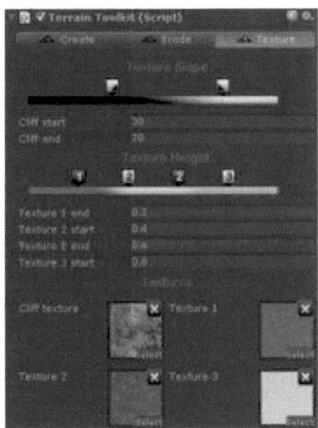

Abbildung 2: „Terrain Toolkit"

Zusätzlich wurden in der Landschaft die von *Unity* angebotenen sog. „Terrain Assets" installiert, welche das Standard-Angebot erweitern u.a. um diverse Baum-, Strauch- und Gras-Typen (vgl. Unity Asset Store Webseite: Terrain Assets, 2015, online). In einer Baum-Gruppe wurde eine sog. „WindZone" erstellt und deren Parameter angepasst, um einen Effekt zu erzeugen, bei dem sich die Bäume im Wind bewegen (siehe Abbildung 3).

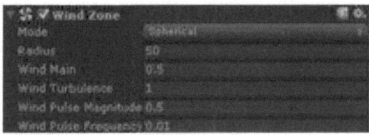

Abbildung 3: „WindZone"

Assets bezeichnen in *Unity* Ressourcen jedweden Typs, die in die virtuelle Szenerie importiert werden können. Die Einbindung von Assets erwies sich als einfach und es existieren einige Angebote, um eine lebendiger wirkende virtuelle Umgebung schaffen zu können. Neben den erwähnten „Terrain Assets" kamen diverse andere zum Einsatz, die kurz aufgelistet werden sollen:

- Skybox: Verwendung von „Blue sky 2" für Darstellung des ‚Himmels'
- Automobil „Ruined car" (Unity Asset Store Webseite: Ruined car, 2015, online)
- Boot „Low-Poly Wooden Row Boat" (Unity Asset Store Webseite: Low-Poly Wooden Row Boat, 2015, online)
- Brunnen „Traditional water well" (Unity Asset Store Webseite: Traditional water well, 2015, online)
- Brücke „Simple Wooden Bridge" (Unity Asset Store Webseite: Simple Wooden Bridge, 2015, online)
- Fischerboot „Fishing Boat" (Unity Asset Store Webseite: Fishing Boat, 2015, online)
- Pferd „Animated Horse" (Unity Asset Store Webseite: Animated Horse, 2015, online)
- Haus „Country Cottage" (TurboSquid Webseite: Country Cottage, 2015, online)
- WC-Haus „bathroom" (TF3DM Webseite: bathroom, 2015, online)
- Schmetterling „Butterfly with Animations" (Unity Asset Store Webseite: Butterfly with Animations, 2015, online)
- Wasser „Water4Example Advanced" (Standard Assets (Pro Only))

Letztgenanntes wurde durch diverse Einstellmöglichkeiten im sog. Inspector von *Unity* angepasst. Der Inspector zeigt zu sog. GameObjects (Objekten in der Spielwelt wie bspw. das erwähnte Automobil etc. – Assets werden quasi zu GameObjects) zugewiesene Skripte und deren Variablen an (genauer: als public bzw. öffentlich deklarierte Klassen-Variablen), wobei die Variablenwerte im Inspector änderbar sind. So lassen sich bezüglich des Wassers Variablen des Skripts „WaterBase.cs" ändern wie bspw. Variablen zur Einstellung der Lichtreflexionen auf dem Wasser („Fresnel") und Einstellungen für den Wasser-Schaum („Foam") (vgl. YouTube Webseite: Unity 3d Environmental Series Part 4: Water, 2015, online). Auch Änderungen der Variablenwerte des Skripts „GerstnerDisplace.cs" wurden durchgeführt, z.B. die Wellenhöhe („Amplitude") geregelt (vgl. YouTube Webseite: Tutorial Unity Water (für Anfänger) (Deutsch), 2015, online).

Ein weiteres benutztes Standard-Asset ist der sog. First Person Controller. Dieser stellt über eine virtuelle Kamera die Spieler-Perspektive bereit sowie Funktionalitäten zur Steuerung und Bewegungen des Spieler-Charakters. Der First Person Controller wurde in das GameObject Heißluftballon integriert, da sich der Spieler-Charakter dort befinden soll. Der virtuelle Heißluftballon (siehe Abbildung 4) ist ein Import einer .fbx-Datei (Domawe Webseite: Hot Air Balloon 3D Model Free Download – 3, 2015, online). FBX ist ein kostenloses Dateiaustauschformat, welches die Interoperabilität zwischen diverser 3D-Software ermöglicht (vgl. Wikipedia Webseite: FBX, 2015, online), darunter auch *Unity*.

Abbildung 4:
Heißluftballon

(Domawe Webseite: Hot Air Balloon 3D Model Free Download, 2015, online)

Um die Spielwelt realistischer zu gestalten sollten den Objekten im übertragenen Sinn physikalische Eigenschaften zugewiesen werden, damit sich die Objekte realistischer bewegen und untereinander kollidieren können. Dazu ist es nötig, sog. Rigidbodies und zusätzlich sog. Collider zu definieren, um die Funktionalität der *PhysX*-Physik-Engine der Firma *Nvidia* für die dafür nötigen Berechnungen zu nutzen (vgl. Unity Documentation Webseite: Rigidbody, 2015, online). Am Beispiel des Heißluftballons verdeutlicht, wurde diesem ein sog. Box Collider (im Spiel unsichtbares Würfelkonstrukt) zugewiesen, damit der Ballon nicht bspw. durch die Landschaft bzw. den Boden hindurch fliegen kann sowie ein Rigidbody zugewiesen, damit der Ballon sich bezüglich physikalischer Einflussgrößen wie bspw. durch die Methode AddForce (siehe unten) hervorgerufene realistischer verhält (siehe Abbildung 5). Die Rigidbody-Eigenschaft „Drag" bezeichnet quasi die Trägheit und "Use Gravity" wurde deaktiviert, da die Gravitation gesondert behandelt wurde (siehe unten).

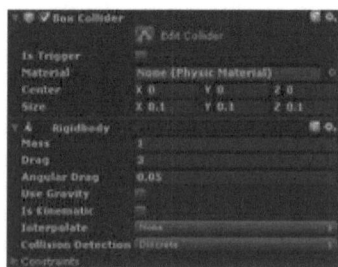

Abbildung 5: Box Collider

Außerdem wurde im Heißluftballon der Partikel-Effekt „Torch" inkl. Sound zur auditiven Gestaltung eingefügt, um die Zündflamme zu imitieren (siehe Abbildung 6).

Abbildung 6: Heißluftballon-Zündflamme

Die grafische Benutzeroberfläche bzw. grafische Benutzerschnittstelle (kurz: GUI für graphical user interface; siehe Abbildung 7) wurde minimalistisch gehalten. Ein Hinweis zum Erreichen des Pause-Menüs findet sich oben links. Während des Spiels wird am oberen rechten Bildrand die permanent aktualisierte Flughöhe als Zahlenwert angezeigt, der vom Neurosky-Mindwave-Headset übermittelte sog. eSense-Wert „meditation" wird am oberen linken Bildrand ebenfalls als Zahlenwert dargestellt. Am rechten Bildrand befindet sich ein vertikaler sog. Slider bzw. Schieberegler, der als Fortschrittsbalken zur Visualisierung des Meditationswertes dient. An den Enden dieses Sliders findet sich jeweils ein Pfeil. Der Pfeil in Richtung oben erscheint, wenn der Meditationswert größer 49 ist, der Pfeil in Richtung unten, wenn der Wert kleiner 50 ist. Ähnlich verhält es sich mit dem Slider am unteren Bildrand bezüglich des sog. eSense-Wertes „attention" (Headset liefert eSense-Werte). Die Anzeige derartiger Slider wird auch von Chak als wichtig erachtet, da der Spieler so klar vermittelt bekomme, dass er ein Spiel spielt mit Verbindung zu einem EEG-Messgerät (vgl. Chak, 2011, S. 46) und außerdem besser die Werte und Werte-Veränderungen beobachten und damit evtl. auch auf Aktionen im Spiel besser Bezug nehmen könne (vgl. Chak, 2011, S. 61). Die Anzeiger der eSense-Werte in den hier diskutierten Slidern bzw. Fortschrittsbalken wirkt dabei jedoch sprunghaft, da das Headset nur sekündlich Daten liefert. Chak ‚glättet‘ daher die Werte, indem er sie den vorherigen annähert und damit einen weniger abrupten ‚Kurvenverlauf‘ der Werte erzielt (vgl. Chak, 2011, S. 46).

Abbildung 7: GUI

Beim Drücken der Escape-Taste auf der Tastatur bietet sich dem Nutzer ein Pause-Menü, in welchem die Maus-Steuerung des Spieler-Charakters deaktiviert wird (siehe Abbildung 8). Der Nutzer kann hier wählen zwischen: ,Weiter', ,Neustart' und ,Ende'. Die Funktionalität von ,Neustart' ist jedoch suboptimal, da das Spiel nach jenem Neustart nicht wieder korrekt startet. Eine Lösung für dieses Problem wurde nicht gefunden. Ein weiteres Problem: je nach Bildschirmauflösung verschieben sich die angeordneten GUI-Objekte. Auch dies bedarf einer weiteren Analyse.

Abbildung 8: Pause-Menü

Quelltext

Nach der Betrachtung gestalterischer Aspekt soll es in diesem Kapitel um den Einsatz von Quelltext im *Unity*-Projekt zur vorliegenden Arbeit gehen.

Neurosky Mindwave

Die Firma *Neurosky* bietet für seine EEG-Headsets (darunter auch *Mindwave*) ein Software Development Kit (SDK) an namens „ThinkGear SDK" inklusive der sog. „ThinkGear"-Programmierschnittstelle (API / application programming interface) plus Dokumentation der Schnittstellen-Funktionen mit ihren Parametern und inklusive Programmbibliothek. Ein SDK stellt Werkzeuge bereit, um ein Programmiergerüst bzw. Framework zu benutzen. Eine API bezeichnet die Deskription der aufrufbaren Unterprogramme und deren Parameter. Unter einer Programmbibliothek versteht man eine Zusammenstellung von Unterprogrammen. *Neurosky* offeriert die Programmbibliothek ThinkGear.dll, welche als Plug-in (Software-Erweiterung) in *Unity* eingebunden werden kann, um relativ bequem die entsprechende Funktionalität des Headsets in *Unity* zu integrieren. Konkret lassen sich neben der Datei ThinkGear.dll auch die Dateien ThinkGear.cs und ThinkGearController.cs einfügen in einen Plugins-Ordner des jeweiligen *Unity*-Projekts (siehe Abbildung 9).

Abbildung 9: Plugins-Ordner in Unity

Bei ThinkGear.cs handelt es sich um ein in der Programmiersprache C# geschriebenes Skript, welches Unterprogramme aus der Programmbibliothek als Unterprogramme (sog. Methoden) von sog. Klassen in Unity importiert. ThinkGear.cs fungiert somit als sog. Wrapper, also einem sog. Adapter-Entwurfsmuster aus der objektorientierte Programmierung zum ‚Verhüllen' von inkompatiblen Klassenschnittstellen. Wenn sich die Datei im Plugins-Ordner befindet steht die Klasse „ThinkGear" zur Laufzeit zur Verfügung und entsprechende Methoden können aufgerufen werden. Zum besseren Verständnis der einzelnen Methoden bzw. Unterprogramme sind umfangreiche Kommentare im Quelltext der Datei enthalten. Aus Gründen der Übersichtlichkeit wurden diese Kommentare im konkreten Projekt der vorliegenden Arbeit entfernt. Die generelle Abfolge der Aufrufe der einzelnen Unterprogramme stellt sich schematisch wie in Abbildung 10 dar (vgl. Neurosky Webseite: Unity, 2015, online; vgl. Wikipedia Webseite: Wrapper (Software), 2015, online).

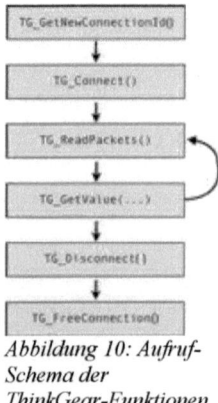

Abbildung 10: Aufruf-Schema der ThinkGear-Funktionen

(Neurosky Webseite: Unity, 2015, online)

Zunächst muss also selbstverständlich eine Verbindung zum Headset aufgebaut werden. Dazu wird ein sog. Handle erzeugt, sprich ein Hilfswert mit dem die Headset-Verbindung auf Betriebssystem-Ebene im weiteren Verlauf angesprochen werden kann. Erst danach erfolgt die eigentliche Verbindung, wobei die Handle hierfür benutzt wird. Die entsprechenden Quelltext-Zeilen lauten im konkreten Fall wie folgt:

```
int handleID = ThinkGear.TG_GetNewConnectionId();


ThinkGear.TG_Connect (  handleID, "COM3", ThinkGear.BAUD_9600,
                        ThinkGear.STREAM_PACKETS );
```

„COM3" bezeichnet die konkrete, im Projekt zur vorliegenden Arbeit vom verwendeten Betriebssystem Windows automatisch zugewiesene Schnittstelle zur seriellen Datenübertragung. Eine bessere Lösung wäre es, den richtigen sog. COM-Port dynamisch zu ermitteln, da dieser auf unterschiedlichen Systemen verschieden sein kann. „ThinkGear.BAUD" bezieht sich auf die sog. Baudrate, also auf das Tempo der Übertragung von Symbolen. Die angegebene Baudrate von 9600 Symbolen pro Sekunde entspricht dem von der Firma *Neurosky* für ihre Headsets angegebenen Standardwert. „ThinkGear.STREAM_PACKETS" als letzter Parameter der Funktion bzw. Methode „TG_Connect" der Klasse „ThinkGear" gibt den Datenpakettyp für den seriellen Datenstrom an und entspricht ebenfalls dem Standardwert. Zum automatischen Verbinden beim Start der Anwendung wurden die Methoden ThinkGear.TG_GetNewConnectionId und ThinkGear.TG_Connect in die *Unity*-Methode „Start" eingefügt, welche für Initialisierungen bestimmt ist.

Das Auslesen der Daten des Headsets erfolgt kontinuierlich, sich wiederholend in einer sog. Schleife. Konkret wird im Rahmen dieser Arbeit die in *Unity* vordefinierte Methode „FixedUpdate" benutzt. „FixedUpdate" wird immer wieder aufgerufen nach einer definierten Anzahl von erzeugten Einzelbildern der Spiel-Engine im Unterschied bspw. zur *Unity*-Methode Update, welche zu jedem Einzelbild aufgerufen wird. „FixedUpdate" kann also so als ressourcenschonender betrachtet werden (vgl. Unity Documentation Webseite: Execution Order of Event Functions, 2015, online; vgl. Carlos, 2014, online).

Zunächst werden mittels „TG_ReadPackets" Datenpakete vom Headset analysiert und validiert. Der Parameter heißt „numPackets" und gibt an, wie viele Datenpakete zum aktuellen Zeitpunkt aus dem vom Headset empfangenen Datenstrom quasi rückwirkend ausgelesen werden sollen. Der hier verwendete Wert -1 besagt, dass alle zum aktuellen Zeitpunkt verfügbaren Daten des Datenstroms ausgelesen werden sollen. Danach werden mittels „TG_GetValue" die vom Headset abrufbaren eSense-Werte „meditation" und „attention", also interpretierte Datenpakete, beschafft. *Neurosky* empfiehlt dafür die Verwendung der Methode „InvokeRepeating", um die Daten wiederholt in einem Zeitintervall von einer Sekunde zu beschaffen, da das Headset mit einer Frequenz von einem Hertz Daten sendet (vgl. Neurosky Webseite: Unity, 2015, online). Die gewählte Variante mit „FixedUpdate" statt „InvokeRepeating" erwies sich jedoch auch als praktikabel. Der Quelltext lautet:

```
void FixedUpdate () {
    ThinkGear.TG_ReadPackets ( handleID, -1 );

    meditation       = ThinkGear.TG_GetValue ( handleID,
                       ThinkGear.DATA_MEDITATION );

    aufmerksamkeit   = ThinkGear.TG_GetValue ( handleID,
                       ThinkGear.DATA_ATTENTION ); }
```

Abschließend wird die Verbindung zum Headset beendet und entsprechende reservierte Speicherbereiche freigegeben:

```
ThinkGear.TG_FreeConnection( handleID );
```

Falls das Headset bei aktiver Verbindung ausgeschaltet wird kann es zu unvorhersehbarem Verhalten der Software kommen. Deshalb empfiehlt es sich, diesen Fall dahingehend zu berücksichtigen, dass der Verbindungsstatus ständig überwacht wird und nach einem bestimmten Zeitintervall, in welchem keine Aktivität registriert wird, die Verbindung zu beenden. Dies wurde im Projekt zur vorliegenden Arbeit noch nicht implementiert (vgl. Neurosky Webseite: Unity, 2015, online).

Oculus Rift

Die Einbindung des Head-Mounted Display *Oculus Rift* der Firma *Oculus VR* in Unity kann durch den Import der von *Unity* bereitgestellten Datei „OculusUnityIntegration.unitypackage" erfolgen. Dabei werden alle nötige Dateien in die jeweilige Szenerie integriert. U.a. die Programmbibliothek „OculusPlugin.dll" , welche dem *Oculus Rift* die Kommunikation mit *Unity* (unter *Windows*) ermöglicht.

Des Weiteren werden hinzugefügt die sog. Prefabs „OVRCameraRig.prefab" und „OVRPlayerController.prefab". Prefabs in *Unity* sind gewissermaßen abstrahierte GameObjects mit vom Entwickler gewählten Einstellungen bzw. Eigenschaften. Werden nun Instanzen dieser Prefabs in der Spielwelt erstellt, übertragen sich die eingestellten Eigenschaften auf jene Instanzen, wodurch eine zentrale Steuerung von gleichen GameObjects und damit ein effizienteres Arbeiten ermöglicht wird. „OVRCameraRig.prefab" besteht aus einer virtuellen Kamera für das linke Auge und einer virtuellen Kamera für das rechte Auge des Spielers und kann benutzt werden, um eine evtl. bereits vorhandene virtuelle Kamera in der Szenerie zu ersetzen, wodurch die virtuelle Welt mittels *Oculus Rift* betrachtbar wird. Sinnvoll ist oft, „OVRCameraRig.prefab" mit einem beweglichem Objekt zu verknüpfen, wie bspw. einem Spieler-Charakter. Das Skript „OVRCameraRig.cs" steht mit „OVRCameraRig.prefab" in Verbindung. „OVRCameraRig.cs" steuert die Stereo-3D-Bildsynthese und die Registrierung der Bewegungen und Lage des Kopfes (Head-Tracking). Das Skript fungiert als Schnittstelle zwischen *Unity* und den virtuellen Kameras. Die Einbindung von „OVRPlayerController.prefab" offeriert eine bequemen Möglichkeit, um einen Spieler-Charakter in die Szenerie einzufügen, welcher das *Oculus Rift* nutzt und womit also durch die Spielwelt navigiert werden kann. „OVRPlayerController.prefab" besteht aus dem erwähnten „OVRCameraRig.prefab", welches u.a. verknüpft ist mit einem sog. „character controller", also einem Objekt zur Steuerung des Spieler-Charakters (vgl. Giokaris, 2014, online).

Bei der Nutzung von „OculusUnityIntegration.unitypackage" (Version 0.4.4 beta) im Projekt zur vorliegenden Arbeit ergaben sich Probleme. So meldete *Unity* Fehler im Skript „OVRMainMenu.cs" in Zeile, welche folgende Quelltextänderungen nötig machten:

Original (Zeile 252 und 971):	c.renderMode = RenderMode.WorldSpace;
Änderung:	c.renderMode = RenderMode.World;

Für Fehlermeldungen im Skript „OVRShimLoader.cs" wurden keine adäquaten Lösungen gefunden und deswegen folgende Zeilen auskommentiert:

Zeile 72:	// PlayerSettings.d3d11ForceExclusiveMode =
	useExclusiveModeD3D11;
Zeile 74:	// PlayerSettings.visibleInBackground = true;

Beim Start der aus dem Projekt erzeugten ausführbaren Datei erschien folgende Meldung: „Direct3D 11 extended mode is not supported in this configuration. Please use direct display mode, a different graphics API, or rebuild the application with a newer Unity version." Eine Lösung dieses Problems wurde nicht gefunden. Möglicherweise hilft die Verwendung einer neueren Version des von der Firma *Oculus VR* angebotenen Software Development Kits bzw. des „OculusUnityIntegration.unitypackage" (bspw. Version 0.5.0.1 beta (Stand: März 2015) statt der hier verwendeten Version 0.4.4 beta). Auch eine Aktualisierung der Firmware des *Oculus Rift* DK2 (hier verwendet: Version 2.12) könnte hilfreich sein, vielleicht auch ein Upgrade von *Unity* (hier verwendet: Version 4.6.0b17) auf Version 4.6.1 oder höher, was mit der hier benutzten *Unity*-Lizenz jedoch nicht möglich war. Außerdem wäre es denkbar zu versuchen, *Unity* die 3D-Computergrafik-Programmierschnittstelle *OpenGL* statt *Direct3D* verwenden zu lassen, falls dies überhaupt möglich ist. *Unity* (Editor) lässt sich mittels Ausführungsbefehl "...\Unity.exe" -force-opengl" via OpenGL starten, ein in *Unity* erstelltes Projekt unter Nutzung von *OpenGL* zu exportieren gestaltet sich zumindest schwieriger. Unter Umständen wäre auch eine Kombination der gemachten Vorschläge die Lösung des Problems. Es lässt sich also festhalten, dass die Verwendung des *Oculus Rift* im Projekt zur vorliegenden Arbeit nicht funktioniert.

Sonstiges

Als nützlich erwies sich die Möglichkeit der Deaktivierung von GameObjects mittels der Methode „SetActive". Dazu empfiehlt es sich eine Referenz des betreffenden GameObjects zu speichern innerhalb der Standard-Funktion „Start" oder „Awake", damit jenes GameObject später benutzbar bleibt. Dabei ist die Methode „Find" hilfreich.

```
panel = GameObject.Find ( "Panel" );
```

Verwendung fand „sctActive" in dei Aktivlerung bzw. Einblendung eines dunklen, halbtransparenten Hintergrundes namens „Panel" im Pause-Menü, was durch folgende Quelltext-Zeile in der Standard-Funktion „OnGUI" realisiert wurde:

```
panel.SetActive ( true );
```

Ebenfalls für das Pause-Menü wurden zur Deaktivierung der Maus-Steuerung des Spieler-Charakters folgende Befehle genutzt:

```
firstpersoncontroller.GetComponent<MouseLook>().enabled    = false;
```

```
Camera.main.GetComponent<MouseLook>().enabled        = false;
```

Wählt der Nutzer im Pause-Menü „Weiter", so kommt die Funktion timescale zum Einsatz. Wert 1 heißt, dass der Zeitverlauf in der virtuellen Welt weder Be- noch Entschleunigung erfährt:

```
Time.timeScale = 1;
```

Da der Wert vorher durch die Aktivierung des Pause-Menüs auf 0 gesetzt und das Spiel somit angehalten wurde, bedeutet die Zuweisung mit dem Wert 1 jetzt, dass das Spiel fortgeführt wird.

Bei der Auswahl von „Neustart" im Pause-Menü wird das erste und einzige Level bzw. die erste und einzige sog. *Unity*-Szene mit dem Index 0 geladen:

```
Application.LoadLevel ( 0 );
```

Bei „Ende" wird das ausgeführte Programm beendet mit:

```
Application.Quit ();
```

In „Start" wurde die Methode „InvokeRepeating" angewendet, welche ein wiederholtes Aufrufen einer bestimmten anderen Methode bzw. Funktion in einem definierbarem Zeitintervall erlaubt. Dies war dienlich für das Abspielen eines Audiosamples, welches die Heißluftballon-Zündflamme auditiv imitieren soll. Als Zeitintervall wurde die Länge des Audiosamples gewählt (3,4 Sekunden):

```
InvokeRepeating ( "BallonFlammenSoundAbspielen", 0, 3.4F );
```

Die aufgerufene Methode „BallonFlammenSoundAbspielen" spielt mittels „PlayOneShot" das erwähnte Audiosample ab, sobald der eSense-Wert „meditation" größer ist als 49. Gleichzeitig wird die sog. Emissionsrate des Partikel-Effekts „Torch" erhöht, was das Zünden der Heißluftballon-Zündflamme visuell zu imitieren versucht:

```
void BallonFlammenSoundAbspielen () {
    if ( meditation > 49 ) {   audio.PlayOneShot ( ballonflammensound );
                               ballonflamme.emissionRate = 150.0f; }
    else {                     audio.Stop ();
                               ballonflamme.emissionRate = 0.0f; } }
```

Besonderes Augenmerk liegt auf der Steuerung des Ballons. Dessen Bewegung nach ‚oben' und ‚unten' wird wie folgt determiniert. Zunächst wurde eine Variable ‚gravitation' als dreidimensionaler Vektor mit dem Wert 0.025 für y initialisiert (die Definition der Variable als public ermöglicht es, deren Wert bequem im *Unity*-Editor zu ändern):

```
public Vector3 gravitation = new Vector3 ( 0, 0.025f, 0 );
```

In der bereits erwähnte Standard-Funktion „FixedUpdate", welche geeignet ist für ‚physikalische' Änderungen in der virtuellen Welt, wird die Methode „transform" zur Positionsänderung angewendet auf den virtuellen Ballon. Dies ist deshalb auf den Ballon wirksam, da die folgenden Zeilen Teil des Skripts sind, welches als sog. Komponente mit dem Ballon verknüpft wurde:

```
transform.position = new Vector3 ( transform.position.x, transform.position.y +
                          ( meditation * 0.0007f ), transform.position.z );
transform.position -= gravitation;
```

Somit wird der Ballon je nach Größe des Meditationswertes nach oben bewegt (in y-Richtung im dreidimensionalen Koordinatensystem) bzw. der Ballon bekommt gewissermaßen ‚Auftrieb‘. Außerdem wird er gleichzeitig von „gravitation" nach unten ‚gezogen‘. Alternativ ließe sich „Use Gravity" in der Komponete „Rigidbody" des Ballons nutzen. Die hier vorgestellt Variante erschien allerdings intuitiv anpassbarer.

Die Bewegung des Ballons in Blickrichtung des Spielers bzw. Spieler-Charakters erfolgt, wenn der eSense-Wert „attention" (hier als Variable „aufmerksamkeit") den Wert 49 übersteigt:

```
if ( aufmerksamkeit > 49 ) {
    bewegungsRichtung = Camera.main.transform.forward;
    bewegungsRichtung.y = 0.0f;
    rigidbody.AddForce ( bewegungsRichtung, ForceMode.Impulse ); }
```

Dabei wurde also quasi die Blickrichtung der virtuellen Standard-Kamera als dreidimensionaler Vektor erfasst, dieser Vektor xz-planar gemacht (vgl. Unity Answers Webseite, 2012, online) und die Methode „AddForce" angewendet, welche eine ‚Kraft‘ auf den Ballon in die Richtung der erfassten Blickrichtung wirken lässt. Dabei wurde der „ForceMode" „Impulse" gewählt, da dieser eine sofortige Änderung deutlich werden lässt.

Für die genutzten Funktionen bzw. Methoden wurde die Unity Scripting API als Referenz benutzt (vgl. Unity Documentation Webseite: Scripting API, 2015, online).

Schluss

Ziel der vorliegenden Arbeit war es, vorbereitend für eine Abschlussarbeit die Konzeptentwicklung für ein Computerspiel zu versuchen, bei welchem das EEG-Messgerät *Mindwave* der Firma *Neurosky* und das Head-Mounted Display *Oculus Rift* der Firma *Oculus VR* miteinander kombiniert werden sollten.

Dabei wurde die *Unity*-Engine verwendet, da diese zur Bewältigung dieser Aufgabe geeignet erschien. Der Umgang mit dieser Software wurde in Auszügen präsentiert. Hierbei wurden einige einfache gestalterische Aspekte in Augenschein genommen als auch Quelltext-Programmierung betrachtet, wobei es darum ging, die Nutzung der von *Neurosky* und *Oculus VR* bereitgestellten Schnittstellen und Werkzeuge zu thematisieren.

Die vorliegende Arbeit beschrieb also erste praktische Versuche in Richtung eines rudimentären, 3D-BCI-Computerspiels und kann als Einstieg in diese Thematik angesehen werden, um evtl. Anderen diesen Einstieg zu erleichtern. Es ging darum einen Eindruck davon zu bekommen, ob und wie komfortabel sich die Entwicklungsarbeit mit der Kombination von *Mindwave*, *Oculus Rift* und *Unity* in der Praxis gestaltet und welche Probleme auftreten können. Dabei konnten im Rahmen der vorliegenden Arbeit nur oberflächliche Analysen durchgeführt werden und größere Lösungsversuche nicht in Angriff genommen werden.

Insgesamt kann bilanziert werden, dass die Spiel-Entwicklung mit *Mindwave*, *Oculus Rift* und *Unity* durchaus Potential birgt und Möglichkeiten bietet mit vertretbarem Aufwand BCI-Computerspiele zu entwickeln, welche prinzipiell ein innovatives Spiel-Erlebnis versprechen.

Quellen

Chak, Liu Kwan (2011): "Unleashing Brain Powers: A Study on Development of BCI-enhanced Computer Games".
Online verfügbar unter:
http://www.cse.cuhk.edu.hk/lyu/_media/students/lyu1006finalreport-part2_bcigame_.pdf   07.05.2015

Domawe Webseite (2015): "Hot Air Balloon 3D Model Free Download".
Online verfügbar unter:
http://3dmodel.domawe.com/2014/10/hot-air-balloon-3d-model-free-download-3.html   07.05.2015

Giokaris, Peter/ David Borel (2014): "Oculus Unity Integration Guide". Online verfügbar unter:
http://static.oculus.com/sdk-downloads/documents/OculusUnityIntegrationGuide_0.4.4.pdf   07.05.2015

Moldán, Sándor (2009): "Terrain Toolkit".
Online verfügbar unter:
https://code.google.com/p/unityterraintoolkit   07.05.2015

Neurosky Webseite (2015): "Unity".
Online verfügbar unter:
http://developer.neurosky.com/docs/doku.php?id=using_thinkgear_with_unity
                                                                    07.05.2015

Unity Answers Webseite (2012): "How do I find this direction vector?". Online verfügbar unter:
http://answers.unity3d.com/questions/242650/how-do-i-find-this-direction-vector.html   07.05.2015

Unity Asset Store Webseite (2015): "Animated Horse".
Online verfügbar unter:
https://www.assetstore.unity3d.com/en/#!/content/16687   07.05.2015

Unity Asset Store Webseite (2015): "Butterfly with Animations".
Online verfügbar unter:
https://www.assetstore.unity3d.com/en/#!/content/20985   07.05.2015

Unity Asset Store Webseite (2015): "Fishing Boat". Online verfügbar unter:
https://www.assetstore.unity3d.com/en/#!/content/23181   07.05.2015

Unity Asset Store Webseite (2015): "Low-Poly Wooden Row Boat".
Online verfügbar unter:
https://www.assetstore.unity3d.com/en/#!/content/780   07.05.2015

Unity Asset Store Webseite (2015): "Ruined car".
Online verfügbar unter:
https://www.assetstore.unity3d.com/en/#!/content/5909   07.05.2015

Unity Asset Store Webseite (2015): "Simple Wooden Bridge".
Online verfügbar unter:
https://www.assetstore.unity3d.com/en/#!/content/819   07.05.2015

Unity Asset Store Webseite (2015): "Terrain Assets".
Online verfügbar unter:
https://www.assetstore.unity3d.com/en/#!/content/6   07.05.2015

Unity Asset Store Webseite (2015): "Traditional water well".
Online verfügbar unter:
https://www.assetstore.unity3d.com/en/#!/content/4477   07.05.2015

Unity Asset Store Webseite (2015): "World Builder".
Online verfügbar unter:
https://www.assetstore.unity3d.com/en/#!/content/11333   07.05.2015

Unity Documentation Webseite (2015): "Execution Order of Event Functions".
Online verfügbar unter:
http://docs.unity3d.com/Manual/ExecutionOrder.html   07.05.2015

Unity Documentation Webseite (2015): "Lighting Overview".
Online verfügbar unter:
http://docs.unity3d.com/Manual/Lighting.html   07.05.2015

Unity Documentation Webseite (2015): "Rigidbody".
Online verfügbar unter:
http://docs.unity3d.com/Manual/class-Rigidbody.html   07.05.2015

Unity Documentation Webseite (2015): "Scripting API".
Online verfügbar unter:
http://docs.unity3d.com/ScriptReference/index.html   07.05.2015

TF3DM Webseite (2015): "bathroom".
Online verfügbar unter:
http://tf3dm.com/3d-model/bathroom-77739.html   07.05.2015

TurboSquid Webseite (2015): "Country Cottage".
Online verfügbar unter:
http://www.turbosquid.com/FullPreview/Index.cfm/ID/689373   07.05.2015

Wikipedia Webseite (2015): "FBX".
Online verfügbar unter:
https://en.wikipedia.org/wiki/FBX   07.05.2015

Wikipedia Webseite (2015): "Wrapper (Software)".
Online verfügbar unter:
https://de.wikipedia.org/wiki/Wrapper_(Software)   07.05.2015

Yanez, Carlos (2014): "Create a Balloon Racing Game in Unity Using the
Microphone".
Online verfügbar unter:
http://code.tutsplus.com/tutorials/create-a-balloon-racing-game-in-unity-using-
the-microphone--cms-21667   07.05.2015

YouTube Webseite (2015): "Tutorial Unity Water (für Anfänger) (Deutsch)".
Online verfügbar unter:
https://www.youtube.com/watch?v=yJ1D1LHO4cU   07.05.2015

YouTube Webseite (2015): "Unity 3d Environmental Series Part 4: Water".
Online verfügbar unter:
https://www.youtube.com/watch?v=2CI082tR9XA   07.05.2015

World Machine Webseite (2015): "Terrain Export from World Machine To Unity".
Online verfügbar unter:
http://www.world-machine.com/learn.php?page=workflow&workflow=wfunity
          07.05.2015

Anhang

Abbildungsverzeichnis

Quelltext

```
using UnityEngine;
using UnityEngine.UI;        // fuer grafische Benutzeroberfläche
using System.Collections;

public class matw : MonoBehaviour
{
    public Vector3          gravitation = new Vector3 ( 0, 0.025f, 0 );
    public Slider           meditationSlider;
    public Image            dreieckHoch;
    public Image            dreieckRunter;
    public Slider           aufmerksamkeitSlider;
    public Image            dreieckMitte;
    public ParticleSystem   ballonflamme;
    public AudioClip        ballonflammensound;

    private int             handleID = -1;
    private float           meditation;
    private float           aufmerksamkeit;
    private Vector3         bewegungsRichtung;
    private bool            pausiert = false;
    private GameObject      panel;
    private GameObject      firstpersoncontroller;

    void Start ()
    {
        handleID            = ThinkGear.TG_GetNewConnectionId ();
        ThinkGear.TG_Connect ( handleID, "COM3", ThinkGear.BAUD_9600,
                              ThinkGear.STREAM_PACKETS );
```

```
        dreieckHoch.enabled       = false;
        dreieckRunter.enabled     = false;
        dreieckMitte.enabled      = false;

        panel = GameObject.Find ( "Panel" );
        panel.SetActive ( false );

        firstpersoncontroller = GameObject.Find ( "First Person Controller" );

        InvokeRepeating ( "BallonFlammenSoundAbspielen", 0, 3.4F );
    }

    void FixedUpdate ()
    {
        ThinkGear.TG_ReadPackets ( handleID, -1 );
        meditation        = ThinkGear.TG_GetValue ( handleID,
                                             ThinkGear.DATA_MEDITATION );
        aufmerksamkeit  = ThinkGear.TG_GetValue ( handleID,
                                             ThinkGear.DATA_ATTENTION );

        transform.position = new Vector3 ( transform.position.x, transform.position.y +
                                    ( meditation * 0.0007f ), transform.position.z );
        transform.position -= gravitation;

        if ( aufmerksamkeit > 49 )
        {
            bewegungsRichtung = Camera.main.transform.forward;
            bewegungsRichtung.y = 0.0f;
            rigidbody.AddForce ( bewegungsRichtung, ForceMode.Impulse );
        }

        meditationSlider.value        = meditation;
        aufmerksamkeitSlider.value    = aufmerksamkeit;

        if ( Input.GetKey ( KeyCode.Escape ) ) // Pause-Menü
        {
            pausiert = true;
            Time.timeScale = 0;        // Spiel anhalten
        }
    }

    void OnGUI()
    {
        GUI.Box ( new Rect ( 10, 10, 100, 20 ), "Pause: ESC" );
        GUI.Box ( new Rect ( Screen.width - 120, 10, 110, 20 ), "Flughoehe: " +
                                             (int)transform.position.y );
        GUI.Box ( new Rect ( Screen.width - 120, 30, 110, 20 ), "Meditation: " +
                                             meditation );
```

```
GUI.Box ( new Rect ( Screen.width/2 - 75, Screen.height - 22, 150, 20 ),
                                    "Aufmerksamkeit: " + aufmerksamkeit );

if ( meditation < 50 )
{
    dreieckHoch.enabled = false;
    dreieckRunter.enabled    = true;
}
if ( meditation > 49 )
{
    dreieckHoch.enabled = true;
    dreieckRunter.enabled    = false;
}
if ( aufmerksamkeit < 50 )
{
    dreieckMitte.enabled = false;
}
if ( aufmerksamkeit > 49 )
{
    dreieckMitte.enabled = true;
}

if ( pausiert )
{
    panel.SetActive ( true ); // Abdunkeln
    firstpersoncontroller.GetComponent<MouseLook>().enabled    = false;
    Camera.main.GetComponent<MouseLook>().enabled              = false;

    if ( GUI.Button ( new Rect ( (Screen.width/2 - 100), (Screen.height/2 -
                                            60), 200, 40 ), "Weiter" ) )
    {
        Time.timeScale = 1;        // Spiel weiterlaufen lassen
        pausiert = false;
        panel.SetActive ( false ); // Abdunkeln deaktivieren
        firstpersoncontroller.GetComponent<MouseLook>().enabled = true;
        Camera.main.GetComponent<MouseLook>().enabled           = true;
    }
    if ( GUI.Button ( new Rect ( (Screen.width/2 - 100), (Screen.height/2 - 0),
                                            200, 40 ), "Neustart" ) )
    {
        Application.LoadLevel ( 0 );
    }
    if ( GUI.Button ( new Rect ( (Screen.width/2 - 100), (Screen.height/2 +
                                            60), 200, 40 ), "Ende" ) )
    {
        Application.Quit ();
    }
}
```

```
    }

    void BallonFlammenSoundAbspielen ()
    {
        if ( meditation > 49 )
        {
            audio.PlayOneShot ( ballonflammensound );
            ballonflamme.emissionRate = 150.0f;
        }
        else
        {
            audio.Stop ();
            ballonflamme.emissionRate = 0.0f;
        }
    }

    void OnApplicationQuit()
    {
        ThinkGear.TG_FreeConnection ( handleID );
    }
}
```